COSAS QUE SE [...]

# EN EL CIELO

## Un libro de Las Raíces de Crabtree

CHRISTINA EARLEY
Traducción de Pablo de la Vega

CRABTREE
Publishing Company
www.crabtreebooks.com

# Apoyos de la escuela a los hogares para cuidadores y maestros

Este libro ayuda a los niños en su desarrollo al permitirles practicar la lectura. Abajo están algunas preguntas guía para ayudar al lector a fortalecer sus habilidades de comprensión. En rojo hay algunas opciones de respuesta.

## Antes de leer:

- ¿De qué pienso que trata este libro?
  - *Pienso que este libro es sobre los vehículos que vuelan.*
  - *Pienso que este libro es sobre los tipos de vehículos que se mueven en el aire.*
- ¿Qué quiero aprender sobre este tema?
  - *Quiero aprender qué tipos de vehículos vuelan en el cielo.*
  - *Quiero aprender sobre distintos tipos de cosas que se mueven en el aire.*

## Durante la lectura:

- Me pregunto por qué...
  - *Me pregunto por qué los helicópteros vuelan.*
  - *Me pregunto por qué los globos aerostáticos vuelan.*
- ¿Qué he aprendido hasta ahora?
  - *Aprendí que un avión vuela.*
  - *Aprendí que los globos aerostáticos vuelan.*

## Después de leer:

- ¿Qué detalles aprendí de este tema?
  - *Aprendí que hay distintos tipos de vehículos que vuelan.*
  - *Aprendí que la gente tiene vehículos especiales para moverse en el cielo.*
- Lee el libro una vez más y busca las palabras del vocabulario.
  - *Veo la palabra **planeador** en la página 8 y las palabras **globo aerostático** en la página 10. Las demás palabras del vocabulario están en la página 14.*

¿Qué hay en el cielo?

Hay un **avión**.

Hay un **helicóptero**.

Hay un **planeador**.

Hay un **globo aerostático**.

Veo muchos vehículos
en el cielo.

# Lista de palabras

## Palabras de uso común

| el | muchos | veo |
|----|--------|-----|
| en | qué | |
| hay | un | |

## Palabras para conocer

**avión**

**globo aerostático**

**helicóptero**

**planeador**

# 24 palabras

¿Qué hay en el cielo?

Hay un **avión**.

Hay un **helicóptero**.

Hay un **planeador**.

Hay un **globo aerostático**.

Veo muchos vehículos en el cielo.

# COSAS QUE SE MUEVEN
# EN EL CIELO

Written by: Christina Earley

Designed by: Rhea Wallace

Series Development: James Earley

Proofreader: Melissa Boyce

Educational Consultant:

Marie Lemke M.Ed.

Translation to Spanish:

Pablo de la Vega

Spanish-language layout and
proofread: Base Tres

Print and production coordinator:

Katherine Berti

Photographs:
Shutterstock: Benny Marty: cover, p. 1;
VisanuPhotoshop: p. 3, 14; muratart: p. 5, 14;
FotoRequest: p. 6, 14; Colombo Nicola: p. 8-9,
14; AlecTrusler2015: p. 11, 14; Kertu: p. 12-13

**Library and Archives Canada Cataloguing in Publication**

Title: En el cielo / Christina Earley ; traducción de Pablo de la Vega.
Other titles: In the sky. Spanish
Names: Earley, Christina, author. | Vega, Pablo de la, translator.
Description: Series statement: Cosas que se mueven |
Translation of: In the sky. | "Un libro de las raíces de
Crabtree". | Text in Spanish.
Identifiers: Canadiana (print) 20210231149 |
Canadiana (ebook) 20210231157 |
ISBN 9781039616646 (hardcover) |
ISBN 9781039616691 (softcover) |
ISBN 9781039616745 (HTML) |
ISBN 9781039616790 (EPUB) |
ISBN 9781039616844 (read-along ebook)
Subjects: LCSH: Flying-machines—Juvenile literature.
Classification: LCC TL600 .E2718 2022 | DDC j629.133—dc23

**Library of Congress Cataloging-in-Publication Data**

Names: Earley, Christina, author. | Vega, Pablo de la, translator.
Title: En el cielo / Christina Earley ; traducción de Pablo de la Vega.
Other titles: In the sky. Spanish
Description: New York, NY : Crabtree Publishing Company, [2022] |
Series: Un libro de las raíces de Crabtree. Cosas que se mueven |
Translation of: In the sky.
Identifiers: LCCN 2021024082 (print) |
LCCN 2021024083 (ebook) |
ISBN 9781039616646 (hardcover) |
ISBN 9781039616691 (paperback) |
ISBN 9781039616745 (ebook) |
ISBN 9781039616790 (epub) |
ISBN 9781039616844
Subjects: LCSH: Flying-machines--Juvenile literature.
Classification: LCC TL547 .E2618 2022 (print) | LCC TL547 (ebook) |
DDC 629.133/34--dc23

## Crabtree Publishing Company

www.crabtreebooks.com    1-800-387-7650

Printed in the U.S.A./072021/CG20210514

**Published in the United States**
**Crabtree Publishing**
347 Fifth Avenue, Suite 1402-145
New York, NY, 10016

**Published in Canada**
**Crabtree Publishing**
616 Welland Ave.
St. Catharines, ON, L2M 5V6